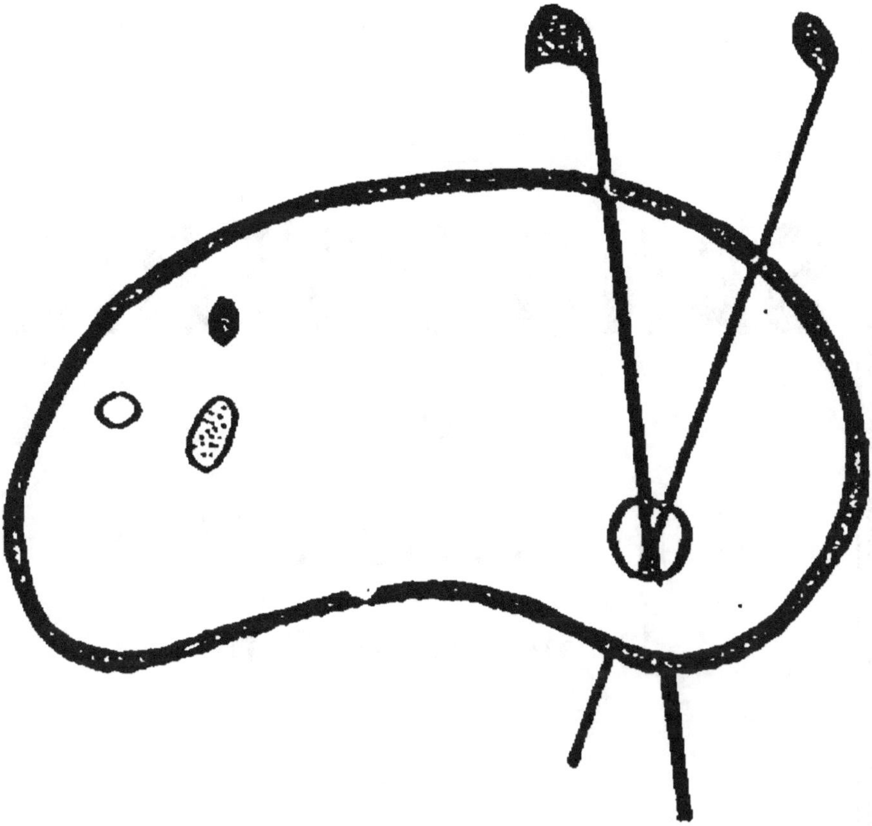

DEBUT D'UNE SERIE DE DOCUMENTS
EN COULEUR

EN VENTE
chez la citoyenne Aline VALETTE
BIBLIOTHÈQUE DU PARTI OUVRIER
PARIS. — 54, Rue Lepic, 54. — PARIS

SANS PATRIE

PAR

René CHAUVIN
Député de la Seine

Prix 15 Cent.

LILLE
Imp. ouvrière, G. Delory, 28, rue de Fives
1894

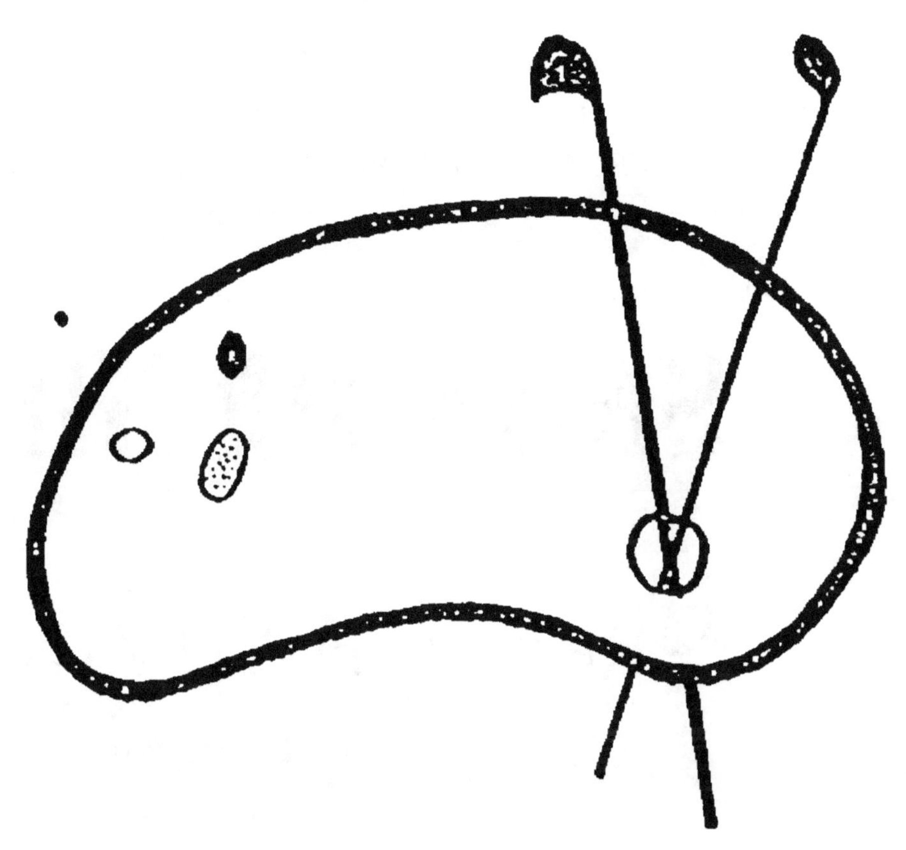

FIN D'UNE SERIE DE DOCUMENTS
EN COULEUR

SANS PATRIE

PAR

René CHAUVIN

Député de la Seine

Prix 15 Cent.

LILLE
Imp. ouvrière, G. Delory, 28, rue de Fives
1894

SANS PATRIE

La bourgeoisie, affolée de voir les travailleurs s'organiser en parti politique de classe pour la défense de leurs intérêts, ne sait plus à quel saint se vouer.

Il est si doux pour elle de ne rien faire et de jouir du travail des gueux: pendant longtemps, afin d'amuser le bon populo, elle fit semblant de manger du curé à chaque repas.

Le cléricalisme, voilà l'ennemi! disait elle par l'organe de Saint Gambetta, première manière; scène de Guignol dans laquelle le commissaire est toujours battu par polichinelle.

Mais le peuple, cependant bon enfant, trouva que la farce, quoique diôle, ne suffisait pas, et il manifesta qu'un peu moins de musique et un peu plus de pain ferait mieux son affaire.

Il n'en fallut pas davantage pour que la bourgeoisie, qui a l'habitude de promettre et de ne jamais donner, changeât son fusil d'épaule, en le chargeant cette fois.

Elle se rapapillota aussitôt avec le bon Dieu et appela à son secours son sacré représentant sur terre; des mauvaises langues disent même que cette nouvelle arriva au Saint-Père, au moment où il faisait sécher la paille, humide des pleurs versés par Séverine, sur laquelle il couche dans son cachot du Vatican.

Ce qui est certain, c'est qu'il ne bouda point, et accueillit avec un empressement divin les enfants prodigues. Pour les servir, il se mit immédiatement à la besogne et en quelques jours accoucha d'une encyclique invitant tous les réactionnaires et cléricaux à se rallier à la République, l'encyclique ne dit pas dans quelle intention.

La République pourrait dormir sur ses deux oreilles, maintenant qu'il n'y a plus ni monarchistes orléanistes, ni bonapartistes, ni cléricaux en France.

Mais — car il y a toujours un mais — il y a un tas de gens qu'on appelait hier des républicains ; en 1848, c'étaient des partageux ; aujourd'hui, c'est bien pire : ce sont des socialistes, des canailles, qui toute leur vie ont combattu pour la République et qui forcément, en raison de cela, ne peuvent être que ses ennemis, tout prêts à la vendre et la France avec, car ce ne sont pas seulement des républicains, ces socialistes, ce sont des SANS PATRIE, des gens de sac et de corde, ne se contentant pas de dresser devant le Capital exploiteur le Travail dépouillé, réclamant son dû, ils émettent encore des prétentions qui ne peuvent germer que dans des têtes de fous ou de bêtes malfaisantes.

Ainsi, ils assurent que les gens qui naissent au-delà de nos frontières sont faits comme nous ; qu'ils ont, comme nous, père, mère. frères, sœurs et compagne. et ils appellent boucheries humaines les guerres qui ont lieu entre peuples et dans lesquelles cependant tant de rois et d'empereurs ont acquis des gloires si mémorables ; enfin ils disent que dans toutes les patries le Travail est exploité de la même façon par le Capital et qu'au lieu de s'entretuer, les travailleurs feraient mieux de se tendre fraternellement les mains au-dessus des frontières.

Ils ont même un drapeau international avec un véritable cri de révolte pour devise : Prolétaires de tous les pays, unissez vous !

C'est tout simplement épouvantable ; alors vous

pensez qu'avec de pareilles gens, la République et la France sont en danger.

C'est un ennemi bien plus terrible que le cléricalisme, et il n'est que temps que tous les bons Français, que tous les capitalistes s'unissent comme les cinq doigts de la main pour combattre ce nouveau fléau, pour anéantir cette secte qui serait bientôt composée des neuf dixièmes de la population, si sa doctrine était connue de tous ceux qui extraient le charbon, font pousser les céréales. cultivent les vignes, fabriquent les étoffes, les habits, parfument les belles, tissent leurs dentelles et taillent leurs diamants. etc., enfin de tous ceux qui avec tant de patriotisme produisent tout ce qui est nécessaire à la bourgeoisie pour qu'elle n'ait que le mal de naître et de se laisser vivre.

Il faut, dans l'intérêt de la Patrie, de la famille et de la propriété, empêcher leur propagande malsaine, et aux grands maux les grands remèdes.

Supprimons la liberté de la presse, de réunion, d'association, et les contrevenants, mettons-les hors la loi ou faisons des lois pour les mettre dedans. Remplaçons le jury par le tribunal correctionnel. Jugement à huis-clos ; condamnons-les à mort avec relégation facultative. Quelque chose comme le code militaire si vil avec Galliffet président du Conseil de guerre.

« Il ne manque plus que le rétablissement de la torture », s'est écrié Paschal Grousset le jour où Maître Guérin, au nom de la Justice, a déposé son projet de conservation sociale.

Le gros Dupuy, dont l'orgueil saigne encore sous la veste présidentielle. a dû penser dans sa barbe: « Je te le ferai voir, Paschal, si la torture n'est pas rétablie. »

* *

En effet, si la doctrine collectiviste était connue de tous ceux qui souffrent sans espoir d'améliorer leur sort, évidemment le rôle de la bourgeoisie serait terminé, ainsi que tous ces privilèges de fait qu'elle appelle droits acquis et qui ne sont en réalité qu'une usurpation, puisqu'ils ont pour base l'exploitation de l'homme par l'homme.

Je comprends très bien, ou à vrai dire je ne comprends pas du tout, car toutes les lois d'exception, quelles qu'elles soient, n'empêcheront pas le mouvement socialiste de s'accentuer avec la rapidité de l'éclair. Il répond aux besoins légitimes du peuple, il n'est pas seulement une possibilité, il est aussi une nécessité. Semblable aux flots de la mer, il engloutira quiconque s'opposera à son passage.

Les lois de réaction et d'exception, faites en apparence contre l'anarchie, mais en réalité contre le socialisme, se retournent contre la bourgeoisie capitaliste, et si par malheur pour elle elles sont appliquées à tous ceux qui appartiennent ou auront appartenu à des associations de malfaiteurs, beaucoup de ceux qui ont applaudi à leur naissance pourraient bien à leur tour aller tresser des chaussons de lisières.

Du train dont vont ces messieurs, seront bientôt considérés comme anarchistes tous ceux dont les grands pères ne leur auront pas légué une quarantaine de deniers d'Anzin avec dividendes et intérêts accumulés.

Pour défendre sa cause, qui n'est plus soutenable qu'à l'aide de duplicités, la bourgeoisie gouvernementale essaie de faire confondre par les ignorants Socialisme et Anarchie.

Je laisse pour un moment la parole à un des représentants les plus haut cotés du personnel gouvernemental, M. Kergall, président du syndicat économique agricole et membre de la société d'économie politique, tout dernièrement appelé par le ministère pour l'éclairer de son étincelante lumière. Voici ce qu'il écrit dans l'Almanach de la Démocratie rurale 1893, page 5 :

« Les anarchistes. — Le fait est que ceux-là ont
» fait beaucoup de bruit et qu'ils sont destinés à en
» faire encore, mais plus de bruit que de mal réel.

» Car on fait sauter une maison, deux, dix, cent
» maisons, on ne les fait pas sauter toutes et dans
» tous les cas on ne fait pas sauter les terres. D'ail-
» leurs, contre l'explosion comme contre l'incendie,
» il y a l'assurance ou l'indemnité, et contre l'anar-
» chiste il y a le gendarme. »

Et plus loin, M. Kergall ajoute :

« Il y a des hommes bien plus dangereux. Ce sont
» les partageux de 1848. Aujourd'hui, ils ne veulent
» plus partager, ils veulent tout prendre. Karl Marx
» est venu qui a enseigné aux communistes français
» qu'il faut tout prendre, terres, maisons, argent,
» et ne rien donner à personne.

» Les partageux disaient : tous propriétaires. Les
» socialistes collectivistes — c'est ainsi qu'ils se
» nomment — disent : personne propriétaire.

» Personne propriétaire. Mais alors, direz-vous,
» que deviendront tous les biens qu'on nous aura
» pris ? Qui en sera le maître ?

» Ce sera la Collectivité, nous répondent-ils, et
» de là leur nom de collectivistes ; ce sera l'Etat, et
» les bons apôtres de ce système ont la prétention
» de nous faire croire que l'Etat nous représentant
» tous, nous n'aurions rien perdu. »

M. Kergall aurait pu ajouter, comme le médecin de Molière : « Et voilà pourquoi votre fille est muette. »

Mais au moins il ne confond pas, il déclare que les socialistes sont bien plus dangereux pour l'ordre social que les anarchistes.

S'il avait écrit pour le régime capitaliste, il serait dans le vrai ; le fait est que si la pendule de la bourgeoisie retarde d'un siècle, celle des anarchistes retarde de plus de 2,000 ans.

En effet, ce n'est pas en faisant sauter une maison, dix, cent, mille maisons, que les travailleurs seront mieux logés, pas plus qu'une bombe jetée dans un café, tuant ou blessant au hasard femmes et enfants, n'est susceptible de diminuer l'égoïsme des hommes.

La mort d'un Roi, d'un Empereur ou d'un Président de République ne change rien aux institutions. « Le roi est mort, vive le roi ! »

La mort d'un patron, de dix, de cent patrons ne supprime pas le patronat.

La propagande par le fait est donc non seulement repoussante parce qu'elle est inhumaine, mais au point de vue de la transformation sociale elle n'est pas seulement négative, elle est nuisible.

L'anarchie est une erreur aussi grande que de chanter : « Le feu dans les châteaux et la paix aux chaumières ».

La paix dans les chaumières, très bien !

Mais le feu dans les châteaux, pourquoi ?

Loin de les brûler, il faut au contraire les conserver très précieusement. Ce qui est bon pour les seigneurs du Capital sera excellent pour les travailleurs.

Ce qu'il faudra brûler lorsque la République sociale existera, ce sont les vieilles masures insalubres où actuellement les prolétaires sont entassés, et dans lesquelles les écumeurs du Panama ne logeraient pas leurs chiens.

Quand, suivant en cela l'exemple des grands bourgeois de 1789 et de 1793, nous reprendrons les châteaux au nom de l'intérêt national, comme eux reprirent au nom du même intérêt les biens du clergé et de la noblesse, les châteaux avec leurs magnifiques parcs serviront aux grandes institutions inscrites au programme de la République socialiste, telles que : écoles d'agriculture, écoles professionnelles, sanatoriums pour l'enfance, maisons pour les invalides du travail, maisons de santé, de convalescence et de repos.

*
* *

Il est intéressant et drôle de voir cette triple contradiction.

M. Lasserre, rapporteur de la loi sur les menées anarchistes, le garde des sceaux, Guérin, et Dupuy le plébéien définitivement sorti du peuple, déclarèrent avec de grands mots et de grands gestes, au moment de la discussion, que leur loi n'était nullement dirigée contre les socialistes.

D'un autre côté, tous les journaux officieux et capitalistes, comme le *Temps*, journal qui ne toucha que, un million six cent mille francs sur la publicité faite pour lancer l'escroquerie du Panama, les *Débats* roses et blancs, le *Siècle*, le *Jour* etc., plus ministériels les uns que les autres, disaient et disent encore sur tous les tons que Socialisme et Anarchie, c'est la même chose.

Puis enfin, M. Kergall dit : « Ne confondons pas, l'anarchie fait plus de bruit que de mal réel, les véritables ennemis de la société, ceux qui sont vraiment dangereux, ce sont les socialistes. »

Pour le prouver à ses congénères, il cite, toujours dans son Almanach de la Démocratie rurale, une des résolutions votées par le premier Congrès ouvrier, tenu à Marseille en 1879, ainsi conçue :

« Le Congrès déclare :

» Que la propriété individuelle, cause de l'inéga-
» lité matérielle et intellectuelle, ne peut assurer la
» solution de la question sociale et conclut à l'asso-
» ciation collective du sol, sous-sol, machines, voies
» de transports, bâtiments et capitaux au bénéfice
» de la collectivité humaine. »

Ensuite, il passe en revue toutes les résolutions prises par les Congrès du Parti ouvrier depuis cette époque et il constate avec désolation que nous n'avons pas retranché une virgule à notre programme.

Ce qui désole le plus cet éminent suppôt de la propriété individuelle, c'est la tactique du Parti ouvrier.

Aujourd'hui, dit-il, voilà le mot d'ordre, toujours d'après l'Allemand Karl Marx : Constitution du prolétariat en parti de classe ayant pour premier but la conquête du pouvoir politique, et *pour but suprème*, avec l'abolition des classes, la socialisation des forces productives.

Le bulletin de vote au lieu de fusil ou de dynamite, au premier abord cela paraît moins dangereux. A la réflexion, c'est bien plus redoutable.

Et il ajoute, page 11 :

« Jadis, les gens qui voulaient prendre le bien
» d'autrui avaient recours aux moyens révolution-
» naires, c'est à dire à l'insurrection. Ils descen-
» daient dans la rue, le fusil à la main. comme en
» 1848, comme en 1871, Commune de Paris. On se
» battait, on les battait et c'était une affaire réglée. »

Eh bien ! camarades, que dites vous des écrits de ce modéré ? La dernière phrase est elle assez claire ?
« On se battait, on les battait, et c'était une affaire réglée. »

(Bien entendu, en bon rallié, M. Kergall oublie de dire que l'Allemand Karl Marx fut une des victimes de Guillaume et de Bismarck et qu'il est mort en Angleterre après plus de trente ans d'exil.)

Ainsi, pour la raison que nous ne voulons point faire sauter de maisons, qu'au lieu de détruire, nous voulons restituer à la classe ouvrière ce qui lui a été violemment et arbitrairement pris sur son travail, nous sommes de bien plus grands criminels que Messieurs les Chevaliers de la dynamite et du poignard.

Nous savions cela.

Nous savons que l'organisation du prolétariat en parti de classe trouble bien autrement le sommeil de la bourgeoisie capitaliste que les coups de bombe ; c'est pour cela que nous sommes pour l'organisation, toujours et encore pour l'organisation; combattant au même titre Réaction et Anarchie, comme étant l'une et l'autre une entrave à la marche en avant du prolétariat en voie d'affranchissement.

La Lutte de Classes

M. Kergall dit que si dans les Congrès ouvriers on a voté de telles résolutions, c'est parce que les délégués étaient les représentants de ceux qui n'ont rien au soleil.

Voilà une vérité de La Palisse.

Evidemment, qu'un Congrès composé de MM. Rothschild, baron Hirsch, baron Ephrussi, Casimir Périer, le petit sucrier Lebaudy, Hébrard du *Temps*, Jonnart, comte Greffulhe, Eiffel, Schneider et Jacques Drake, Del Castillo pour les Tourangeaux, n'aurait certainement pas voté l'expropriation politique et économique de la classe propriétaire : cela est clair.

Dans les mots : classe propriétaire, il faut faire un distinguo, selon la sainte expression de M. d'Hulst :

Nous n'entendons pas confondre le travailleur des champs, possédant quelques hectares de terre lui servant de moyens de production, mis par lui en valeur, et les grands seigneurs ne connaissant de la terre que les revenus.

Pas plus que nous ne confondons le capitaliste propriétaire de nombreux immeubles avec celui qui possède une maison pour se loger, ni l'artisan possédant son outillage avec le richissime usinier, ni le petit boutiquier avec le propriétaire des grands magasins.

Nous savons trop pour confondre que la petite propriété est beaucoup plus une servitude qu'une source de bénéfices.

C'est encore M. Kergall qui nous donne raison, craignant — et en cela il n'a pas tort — que les petits propriétaires vinssent au socialisme.

Voici ce qu'il écrit :

« Sur environ trois millions de petits propriétai-
» res ruraux, on compte deux millions. cent soixan-
» te sept mille, six cent soixante-sept (2 167 667)
» exploitations de moins d'un hectare. Combien parmi
» ces petits exploitants qui sont peu à leur aise,
» sinon tout à fait misérables, et qui sont capables
» de prêter l'oreille au programme agricole du
» Parti ouvrier ? »

Traduction socialiste de ces quelques lignes :

Incontestablement que le jour où les cultivateurs connaîtront le programme du Parti ouvrier, ils l'adopteront. Ce n'est pas pour autre chose que les militants du Socialisme vont par monts et par vaux faire de la propagande dans les campagnes.

Nous avons même la conviction, malgré les déclarations de MM. Lasserre, Dupuy et Guérin, que la loi sur les menées anarchistes n'a été proposée et votée par la majorité qu'avec l'espoir d'entraver notre propagande. Pauvres daims !

Car, quoi qu'il en dise, il faut que Dupuy ait une vraie dose d'illusion pour penser cela; il faut être auvergnat et ne rien connaître de l'histoire contemporaine pour croire que des lois d'exception empêcheront la propagande socialiste.

Ils ne savent donc pas ce qui arriva naguère aux Bismarck et aux Guillaume.

Eux aussi, dans leur impériale Allemagne, avaient fait voter des lois d'exception.

Elles ont assez bien réussi. Pendant douze ans on a traqué les socialistes comme des bêtes fauves, on les a poursuivis, arrêtés et emprisonnés par milliers et au bout de 12 ans il a fallu abroger ces fameuses lois ; les capitalistes allemands, qui les avaient votées pour anéantir le socialisme s'étant aperçus qu'elles avaient pour résultat de faire pousser l'idée socialiste aussi vite que les champignons.

Les capitalistes français croient réussir où leurs congénères allemands ont été battus comme de simples commissaires de Guignol. Grand merci du jugement !

Leur patriotisme va jusqu'à croire le peuple français moins intelligent que le peuple allemand.

. .

Je ne sais si l'Almanach de la démocratie rurale de 1893 a été vendu ou distribué en un grand nombre d'exemplaires; je le souhaite très sincèrement car jamais il n'a été écrit quelque chose de plus utile pour la propagande collectiviste.

Et dire que M. Kergall a écrit son Almanach pour

défendre la bourgeoisie capitaliste! En voilà une lumière que nous devons être heureux de voir bril‑ ler dans le camp de nos adversaires; si nous avions de pareils amis,nous serions obligés d'éteindre leur lampion.

Je regrette de ne pouvoir reproduire *in-extenso* cet ouvrage,les lecteurs verraient que ce qui désole surtont ce brave défenseur de l'ordre, de la pro‑ priété et de la patrie, c'est que plus les travailleurs s'organisent en parti de classe,moins ils pensent à faire d'émeutes.

C'était cependant si commode avant. On se bat‑ tait, on les battait; et l'affaire était réglée.

Eh bien, oui ! messieurs les bourgeois, le Parti ouvrier, le Parti socialiste a maintenant conscience de sa force et n'a nullement l'intention de l'éparpil‑ ler dans des émeutes inutiles. Il sait qu'il touche à la victoire et que ses adversaires travaillent pour lui.

Il sait que l'Etat social individualiste creuse tous les jours davantage le fossé qui sépare la société en deux classes. Les possédants de moins en moins nombreux, et les non-possédants ou dépossédés de plus en plus nombreux.

Le socialisme moderne, qui n'a rien de commun avec l'antique socialisme chaotique, s'appuie sur les découvertes scientifiques, constate les faits et agit par déduction en tenant compte des statistiques.

Il sait que le collectivisme aurait été une utopie à l'époque où l'ensemble des travaux nécessaires à l'entretien et au développement de l'humanité se faisaient exclusivement par la main des hommes, tandis qu'aujourd'hui il est non seulement possible, mais indispensable pour la conservation de la race humaine. Pourquoi?

Parce que tous les travaux, à de rares exceptions

se font actuellement mécaniquement. quintuplant ainsi la production et obligeant les travailleurs à se réunir dans d'immenses usines ou ateliers pour mettre les machines en activité; le travail n'est productif à notre époque qu'à la condition d'être fait en collectivité.

Le tisserand avec son métier à la main peut-il rivaliser avec le métier mécanique ? Assurément non. Et le métier mécanique peut-il être mis en activité autrement que par des efforts réunis et combinés ? Pas davantage.

Par conséquent, la production moderne exige que plusieurs hommes soient réunis pour exécuter un travail. Alors que les bourgeois le veuillent ou ne le veuillent pas, c'est le travail fait en collectivité.

Franchement, on a bien le droit de rire de l'ignorance crasse de certains fils à papa qui, sans se donner la peine de réfléchir, croient que les socialistes sont des partageux.

Voyez vous d'ici couper les machines en autant de morceaux qu'il y a de travailleurs, chacun d'eux se trouverait aussi avancé que la légendaire poule trouvant un clou.

Il faut donc, tenir compte des faits et reconnaître que le travail se fait en collectivité.

Si en même temps que les conditions d'exécution du travail exigent des efforts réunis ou collectifs et que la propriété reste individuelle, quelle en est la conséquence ? hélas ! nous le voyons aujourd'hui dans toute sa laideur : nous voyons l'ouvrier dans l'impossibilité d'acquérir individuellement son outillage, et d'un autre côté ce qui en est la conséquence aussi fatale qu'inévitable, l'ensemble des moyens de production accaparés par quelques-uns.

Ces quelques-uns peuvent-ils assurer du travail à

tous ceux qui sont dépossédés des instruments de travail et y ont-ils intérêt ?

La vérité est qu'ils ne le peuvent pas et qu'ils n'y ont pas intérêt.

Ils ne le peuvent pas parce qu'eux-mêmes ont des intérêts individuels à défendre ; chaque industriel ou société industrielle (le patronat individuel étant devenu un oiseau rare, la plupart des grandes industries sont exploitées par des patrons anonymes ou collectifs ou actionnaires, comme on voudra, le nom ne fait rien à la chose), chaque exploitation ayant intérêt à produire le plus possible avec le moins de frais possible ; moins de frais possible comporte le moins de salaires possible à payer, le moins de salaires possible à payer comporte à son tour, occuper le moins possible d'ouvriers et bien entendu avec le salaire le plus bas possible. Peut on contester cela ; peut-on aussi contester que le machinisme a quintuplé la production ; quintuplé est même au-dessous de la vérité pour beaucoup d'industries.

On nous objectera que la consommation s'est également accrue par la raison que les objets fabriqués mécaniquement étant moins chers sont maintenant à la portée de toutes les bourses ouvrières.

M. Jules Roche, l'acquitté du Panama, nous a fait à la Chambre sur ce sujet un magnifique tableau qui n'a qu'un petit défaut, c'est qu'il est contraire à la vérité; l'ancien radical trouve depuis qu'il est repu que tout est pour le mieux. Suivant lui quand Auguste avait bu, la Pologne était ivre. Et il nous affirma sans rire qu'aujourd'hui tous les enfants sont chaudement chaussés et tous les ouvriers habillés comme des princes, tandis qu'autrefois ils n'avaient même pas de sabots. Pour un peu, (ah ! c'est beau l'éloquence !) il nous aurait prouvé que la situation des travailleurs est bien supérieure à celle des capitalistes. Si.contrairement à M. Dupuy, il était resté dans le peuple, il s'apercevrait que les épines sont beaucoup plus nombreuses que les roses. Il saurait que si les étoffes, la chaussure, la chapellerie et en général tous les objets fabriqués mécaniquement ont diminé, les moyens d'existence et les logements ont plus que doublé depuis trente ans ; il saurait aussi, et il le sait, — mais pour un opportuniste il n'est jamais opportun de dire la vérité, — que dans beaucoup d'industries et notamment dans l'industrie textile, on n'emploie plus que des femmes et des enfants travaillant des 11, 12, 13 et 14 heures par jour dans des ateliers presque toujours malsains, pour des salaires variant entre douze et vingt huit sous par jour. On peut en avoir la preuve dans le Nord et dans le Maine-et-Loir, particulièrement dans toute la région de Cholet.

Croyez vous que ces femmes et ces enfants se sont rendus de leur plein gré dans ces ateliers ? La citoyenne Aline Valette, membre du Conseil National du Parti ouvrier. en a donné t·ès éloquemment les raisons dans un article paru le 30 août dans la *Petite République.*

Les femmes et les enfants ont été arrachés de force au foyer familial pour aller dans les bagnes capitalistes fabriquer tout ce qui peut satisfaire aux besoins et aux caprices des femmes et des horizontales des gros barons de la finance. Pendant ce temps les ouvriers ainsi concurrencés par leurs épouses dont la place serait à la maison et par leurs enfants qui devraient être à l'école vont d'atelier en atelier implorer du travail qui ne vient que lorsque femmes et enfants ne peuvent tout faire. Quelle jolie civilisation !

Ah! M. Jules Roche, vous trouvez que tout va

bien quand plus du tiers des travailleurs sont en chômage, lequel réduit leurs salaires déjà réduits à un taux qui ne leur permet même pas de consommer les déchets des produits, qu'eux, leurs femmes ou leurs enfants fabriquent.

Les Jules Ferry, les Léon Say, ainsi que tous les écumeurs de la République bourgeoise, ont inventé la politique d'extension coloniale où tant de jeunes gens s'en vont là-bas, au-delà des mers, mourir d'insolation ou en rapportent des fièvres qui ne les quittent qu'à la mort. Tout cela pour imposer nos produits à des gens qui n'en ont que faire, mais il faut enrichir les frères, beaux frères, cousins et amis de la coterie politique qui depuis 24 ans tient le pouvoir et qui a été pour le peuple français un fléau aussi dévastateur que les nuées de sauterelles en Algérie.

C'est pour créer des débouchés à l'industrie et au commerce national, disent ces économistes, marchands de tout et fabricants de misère.

Des débouchés, ce n'est pas difficile d'en ouvrir : Limitez la journée de travail à 8 heures pour les hommes et à 6 heures pour les femmes et les enfants, avec interdiction aux employeurs tant collectifs qu'individuels d'employer les enfants avant quinze ans. Immédiatement les chômages cesseront et vous verrez les salaires augmenter dans des proportions qui permettront à la classe ouvrière de consommer. N'ayez crainte, le peuple à un ventre qui digèrerait, même s'il mangeait à sa faim, et les ouvrières auraient plus de chic que vos catins si elles pouvaient se parer des magnifiques étoffes, soieries et dentelles qu'elles fabriquent.

Les vignerons du Midi ne se plaindraient pas de la mévente des vins, car vous pouvez êtes certains que si les travailleurs boivent de mauvaises mixtures : boissons de prunelles, de cormes, de pommes tapées ou de raisins secs, ce n'est pas parce qu'ils n'aiment pas le vin.

Oui, mais voilà l'augmentation des salaires serait la diminution des bénéfices pour les vautours capitalistes qui aujourd'hui détiennent tous les moyens de production et d'échange.

Ce sont ces hommes qui constamment ont le mot de Patrie dans la bouche et qui, pour augmenter leurs bénéfices et asservir davantage les travailleurs français. emploient des ouvriers étrangers pour la seule raison qu'ils les paient moins cher, comme ils emploient des femmes et des enfants pour la même raison.

Comme nous ne voulons pas qu'il y ait de malentendus, que nos adversaires exploiteraient avec toute leur bonne foi habituelle. je dis tout de suite que nous ne sommes point des chauvins, nous ne demandons point que l'on expluse les ouvriers étrangers. Nous les considérons comme nos frères, ayant droit à la vie, et au bien être comme nous le demandons pour nous mêmes et c'est justement parce que nous voulons les traiter en frères que nous protestons contre les pratiques mercantiles des capitalistes qui profitent de ce que les ouvriers étrangers sont loin de leur famille et sans soutien, pour leur imposer par la faim des salaires dérisoires.

Oser parler de Patrie, quand par cupidité on emploie des femmes et des enfants pour exécuter des travaux pénibles, bien au-dessus de leurs forces physiques ; ne se contentant pas de tuer la femme, ils tuent aussi dans les entrailles de la mère le fruit des générations futures, et ils s'étonnent que l'accroissement de la population ne suive pas sa marche normale!

Depuis 24 ans, ces hommes sont les maîtres de

la République, et ils ont pressuré le peuple jusqu'au sang, en le surchargeant d'impôts au risque de l'étouffer. C'est pour assurer la défense de la Patrie disent-ils. Tout dernièrement M. Edouard Lockroy qui cependant est loin d'être un socialiste, dénonça dans son interpellation sur la marine l'infériorité de notre matériel de guerre maritime.

Depuis vingt ans, dit M. Lockroy, la France a dépensé 4 milliards et demi, onze cent millions de plus que les trois puissances réunies formant ce que l'on appelle la Triplice, et notre matériel de guerre maritime est inférieur à celui de la Triplice. Nous serions, dit toujours M. Lockroy, très embarrassés pour défendre la France et tout particulièrement du côté du Cotentin, si nous étions attaqués par une puissance maritime.

Ce serait joli, si ce n'était pas si triste et nous pourrions demander non pas: d'où vient l'argent; nous le savons, mais : où va l'argent ?

Voilà les hommes qui s'intitulent patriotes et qui nous appellent Sans Patrie. Grand merci, Messeigneurs. En effet, nous ne sommes pas des patriotes à votre façon et nous avons un tout autre souci de la Patrie.

Nous, les révolutionnaires socialistes internationalistes, nous considérons que la Patrie doit être la famille agrandie où tous les hommes seront solidaires les uns des autres. Est-ce cela, ce qui existe aujourd'hui ?

Les continents sont divisés en quantité de patries, et dans chacune d'elles les hommes sont divisés en classes, ayant des intérêts antagoniques.

La Révolution française a supprimé sur le papier la division des classes, mais en fait, dans notre patrie comme dans toutes les autres, cette division existe toujours.

Il y a toujours une classe qui ne fait rien et qui possède tout et une classe qui produit tout et qui ne possède rien.

Il existe bien une classe intermédiaire, classe-tampon, garde-chiourme du capital, faisant fonction de caissier à la classe riche. Cette Classe est composée des petits commerçants, des petits fabricants et des petits propriétaires terriens, obligée par les charges que lui impose la classe capitaliste, d'exploiter la classe prolétarienne sans qu'il lui en reste de bénéfices. Du reste, cette classe est en voie de disparition, les moyens de production et d'échange modernes permettant à la classe capitaliste de se passer d'elle.

Pour la récompenser de ses siècles de servilité, elle l'exproprie tous les jours et la rejette à coups de faillites dans les rangs du prolétariat; de sorte que la situation sera bientôt très nette : d'un côté, des seigneurs aux coffres remplis d'or, et de l'autre des esclaves dépouillés de tout.

L'individualisme, avec les découvertes scientifiques appliquées à l'industrie et au commerce, conduit inévitablement à cet état de choses.

Est-ce un mal ou un bien?

Sur ce point, le monde est bien divisé, mais tous les socialistes sont d'accord pour reconnaître que c'est un bien, car pour qu'un verre déborde, il faut y verser plus de liquide qu'il n'en peut contenir.

L'individualisme créant tant de misères révoltera la conscience des hommes.

Tant que les travailleurs croyaient pouvoir s'affranchir individuellement, ils ne recherchaient pas d'autres moyens; l'esprit humain est ainsi fait, et pour voir juste, il faut se défaire de toute espèce de sentimentalité et reconnaître que seul l'intérêt guide les hommes.

Peut-on être un ardent patriote si l'on ne possède aucune propriété ?

Oui et non.

Oui, si l'on a espoir d'acquérir un jour quelque chose, mais si les travailleurs n'acquièrent que la conviction qu'ils sont un troupeau humain pouvant changer de maître sans changer de situation, je ne vois pas bien, dans ce dernier cas, où ils pourraient puiser l'amour de la Patrie.

Pourquoi les armées de la Révolution ont-elles fait tant de merveilles ?

Parce qu'à cette époque soufflait un vent de liberté et que les combattants avaient la conviction de se battre pour elle, et qu'une fois la guerre finie, le bien-être serait réparti entre tous les hommes.

Quelle désillusion ils ont éprouvée !

Si les capitalistes français étaient, comme ils le disent, de véritables patriotes, ils renouvelleraient la nuit du 4 août, en renonçant aux privilèges que leur donne la puissance argent.

Pour être astreints aux mêmes devoirs, tous les hommes devraient avoir les mêmes droits.

Quels sont les droits des sans-propriété ? Ils consistent à produire pour autrui.

Le jour où les moyens de production seront socialisés et inaliénables, chaque citoyen produira pour lui, alors l'esprit de patriotisme existera réellement et d'une façon profonde parce que chacun sera directement intéressé, la Patrie étant ainsi une véritable famille.

Les réactionnaires de toutes nuances nous gratifient de l'épithète de SANS-PATRIE, parce qu'à l'internationalisme du Capital, nous opposons l'internationalisme du Travail.

Les travailleurs sont internationalement exploités, internationalement ils cherchent à s'affranchir. Quoi de plus naturel ?

En France, les capitalistes disent aux ouvriers : « Nous sommes bien obligés de diminuer vos salaires, autrement le travail national serait battu par la concurrence étrangère. »

En Allemagne, en Angleterre, dans toutes les puissances, les exploiteurs invoquent également la concurrence étrangère. Guitare universelle, sur laquelle grattent à merveille les roublards aux écus de tous les pays, pour exploiter patriotiquement — avec musique — le prolétariat sans distinction de nationalité.

Pour mettre fin à cette concurrence étrangère dont se plaignent si amèrement nos bons économistes bourgeois, les Partis ouvriers des deux mondes veulent établir une législation internationale du travail.

Immédiatement, toute la gent propriétaire et capitaliste dit : Qu'est-ce que cela ! Une législation Internationale du travail, faite par les travailleurs eux-mêmes ? Allons donc !

Les hommes qui ont de pareilles idées ne peuvent être que des anti-patriotes. Comment ! des ouvriers français consentiraient à discuter avec des ouvriers allemands, avant que l'Allemagne nous ait rendu l'Alsace et la Lorraine ! Mais c'est abominable !

Puis tout d'un coup, le facétieux paralytique empereur d'Allemagne, petit-fils de l'envahisseur de 1870, se met dans la tête de jouer une bonne farce aux bourgeois français en convoquant à Berlin une conférence internationale, pour s'occuper des questions de travail.

Bien entendu, le gouvernement français ne put résister au désir de discuter avec un empereur, fût-il d'Allemagne, et il décida de se faire représenter à cette fameuse conférence.

Le choix des délégués ne fut pas une petite affaire ; tous les bourgeois patriotes se disputaient cet honneur. Un, deux, trois. MM. Jules Simon, Burdeau et le renégat Tolain furent désignés.

Il fallait un quatrième délégué. Pour d'scuter des questions de travail: on jugea qu'un ouvrier ne ferait pas mal dans le décor; on chercha à droite, à gauche, et enfin on crut mettre la main sur un ouvrier bien sage dans la personne du citoyen Delahaye, ouvrier mécanicien.

En route pour Berlin. Boum ! Boum ! Toute la presse bourgeoise applaudit.

Ici, il est indispensable que j'ouvre une parenthèse.

— Quelque temps avant cette conférence restée mémorable, Môssieu l'Empereur d'Allemagne assistait à un banquet à Strasbourg, et lorsqu'on lui présenta le Champagne, il se leva pour déclarer solennellement qu'il n'en boirait que lorsque la Champagne serait allemande —.

A Berlin, comme il fallait s'y attendre, on discuta pour rire les intérêts du Travail, et pour couronner le résultat de ces travaux si patriotiquement accomplis, Guillaume invita tous les délégués à « godailler », selon son expression rapportée par Jules Simon.

Les patriotes Burdeau, Jules Simon et Tolain acceptèrent et allèrent s'empiffrer de choucroute arrosée au Champagne à la table du petit-fils du soudard botté qui se rua sur la France en 1870.

Eh bien ! et l'Alsace-Lorraine ?

Oh ! il n'en aurait pas été question si ce diable d'ouvrier, que l'on avait cru bien sage, ne s'était avisé de refuser l'invitation de l'empereur en disant: « Ah ! non, par exemple. C'est bon pour les bour-

geois de godailler avec les empereurs ; moi, je vais
aller souper avec les représentants de la démocratie socialiste allemande, avec les Liebknecht et
les Bebel qui, en 1870, protestèrent au Reichstag et
contre la guerre et contre l'annexion de l'Alsace-
Lorraine. »

Pour une péelle, ça c'était une pelle ! comme on
dit à Montmartre.

Ainsi, voyez la logique : les ouvriers français sont
des SANS PATRIE s'ils discutent leurs intérêts avec
les ouvriers allemands, mais les bourgeois qui vont
« godailler » avec l'empereur d'Allemagne sont, il
est défendu d'en douter, d'excellents patriotes.

2.800 francs

Vous avez encore tous à la mémoire la campagne
d'infamie menée par toute la presse à la solde des
chéquards du Panama.

Pendant la période des dernières élections législatives, tous les canards répétaient à qui mieux
mieux que les socialistes étaient des SANS PATRIE ;
ils allaient jusqu'à nous accuser d'avoir vendu la
France à l'Allemagne.

Rétablissons les faits.

Au commencement de 1893, l'empereur d'Allemagne et son chancelier de Caprivi réclamèrent au
Reichstag une augmentation de ressources pour
leur budget de guerre. Grâce à l'énergie et au talent
de Bebel, Liebknecht et Singer, le Reichstag effrayé
refusa et il fut dissous.

Une campagne électorale s'ouvrit donc en Allemagne dans des conditions toutes particulières. Si
la politique impériale était victorieuse, c'était la
guerre.

Les socialistes allemands, continuant leurs tradi-
tions, partirent en campagne en inscrivant dans
leur programme : *Pas un homme et pas un sou pour
faire la guerre.*

Les socialistes de tous les pays, qui avant tout
sont des hommes de paix, ouvrirent des souscriptions pour aider les socialistes allemands dans le
double but de combattre le capitalisme et empêcher
la guerre.

Les socialistes français ne restèrent pas en arriè-
re ; ils y étaient même plus directement intéressés,
et ils souscrivirent dans la mesure de leurs moyens.

On connaît le résultat.

Guillaume et son chancelier obtinrent bien une
majorité pour voter le budget de la guerre, mais les
socialistes avaient obtenu un million et demi de voix
et quarante-six élus, au lieu de vingt-cinq qu'ils
avaient avant.

Cette armée de un million et demi de socialistes
donna à réfléchir à l'empereur. Faire la guerre dans
ces conditions, c'était gros de conséquences : il
rengaîna son grand sabre.

A moins que d'être d'aussi bonne foi que M.
Deschanel, tous les Français sont obligés de reconnaître que dans la circonstance, les socialistes français ont fait à la fois leur devoir de socialistes et de
patriotes, puisque par leurs souscriptions ils ont
aidé à battre le parti de la guerre allemand qui est
en même temps le parti capitaliste.

Moins de six mois après, les élections législatives
eurent lieu en France.

A son tour, le *Vorwaerts*, organe central de la
démocratie socialiste allemande, ouvrit une sous-
cription. Les socialistes anglais, belges, italiens,
autrichiens, bulgares, etc., en firent autant.

Ces souscriptions produisirent 2,500 francs, qui

furent adressés par le *Vorwaerts* aux socialistes français.

Loin de nous en cacher, l'accusé de réception fut fait par une note parue dans le *Socialiste,* organe central du Parti ouvrier français.

Nous étions 101 candidats collectivistes, soit 24 f. 75 pour chacun, ce qui n'empêcha pas les bourgeois de toutes nuances de nous accuser d'avoir reçu chacun 2,500 francs.

Si c'eût été vrai, il y aurait bien au bas mot 25 ou 30 socialistes de plus à la Chambre, car, hélas ! dans le monde ouvrier, la bonne volonté ne manque pas, mais l'argent est plus rare.

On tomba tout particulièrement à bras raccourcis sur moi.

Tous les faux patriotes, gavés d'or par Georgi, affirmaient que j'avais reçu 2,500 francs au bureau de poste de Courbevoie, et sur des affiches double-colombier, on avait imprimé : « Ne votez pas pour l'internationaliste Chauvin, il a reçu 2,500 francs de l'Allemagne.» On ne disait même pas de la démocratie socialiste allemande, on disait de l'Allemagne tout court.

Quelques gobeurs croyaient que c'était de l'empereur.

Je laisse aux honnêtes gens sans distinction de parti le soin de juger de pareils procédés.

La vérité est que les 1,145 fr. 65 que mon élection a coûtés ont été couverts par les souscriptions des militants de la circonscription.

On continue à nous traiter de SANS PATRIE parce que dans toutes circonstances nous affirmons notre internationalisme.

Vous pouvez crier, Messieurs les bourgeois, vos cris ne nous épouvantent pas. Internationalistes nous sommes, internationalistes nous resterons.

Nous voulons la suppression de l'exploitation de l'homme par l'homme, et nous avons la conviction que cette exploitation ne finira que lorsque la République sociale universelle existera, et qu'elle seule, aussi, mettra fin aux boucheries humaines que vous appelez guerres.

En quoi notre internationalisme nous empêche-t-il d'aimer plus particulièrement la France, comme les socialistes allemands ou anglais d'aimer plus particulièrement l'Allemagne ou l'Angleterre. Est-ce que les civilisations qui se sont succédées depuis que l'humanité existe n'ont pas déjà obligé bien des fois les patries à se modifier, et avant les patries, est-ce que le toit et la tribu n'ont pas existé ? Enfin, voyons, est ce qu'il y a si longtemps que l'unité de la patrie française existe ?

Est-ce qu'autrefois il n'y avait pas la Bretagne, la Provence, la Normandie, la Bourgogne, ayant leur gouvernement et leur armée particulière et se battant entr'elles ? Est-ce qu'en réunissant toutes ces petites patries en une seule, on n'a pas mis fin à ces guerres perpétuelles entre ces petites puissances gouvernées par des roitelets ou des ducs ?

Eh bien ! les Bretons, les Provençaux, les Normands, les Bourguignons, en devenant Français, ont-ils cessé d'être Bretons, Provençaux, Normands et Bourguignons ?

Non, pas plus que les Français ne cesseront d'être Français, lorsqu'une Confédération républicaine réunira toutes les puissances en une grande Patrie, la Patrie humaine.

Est-ce que dans la Patrie il n'y a pas un point que l'on aime plus particulièrement ? N'a-t-on pas une préférence toute naturelle pour l'endroit où l'on est né ? On aime son pays natal, parce que c'est là qu'on a aimé et été aimé et où en dehors de la famille on s'est créé ses premières amitiés et ses premières relations.

Les hirondelles, qui ont deux patries, ne reviennent-elles pas tous les ans à l'endroit où elles sont nées?

Allons, messieurs les bourgeois, vos arguments ne tiennent pas debout, et votre patriotisme, nous le connaissons pour n'aller généralement pas plus loin que vos coffres forts.

Maintenant, est-ce une raison, parce que l'on aime son pays, pour en être esclave?

Il n'y a pas besoin d'être bien vieux pour se rappeler que les 36,000 communes de France formaient autant de petites patries différentes dans l'esprit des habitants.

Remontons seulement à 25 ou 30 ans, le jour de l'année où il y avait ce qu'on appelle la fête dans le centre de la France, l'assemblée dans l'Ouest, la Ducasse dans le Nord, si les jeunes gens se rendaient à la fête d'une commune voisine, avaient-ils le malheur de vouloir faire danser les jeunes filles de l'endroit, immédiatement tous les gars de la commune où avait lieu la fête tombaient dessus à coups de pieds et à coups de poings, voire même à coups de trique et à coups de couteau. On ne s'occupait jamais de savoir qui avait tort ou raison, on se contentait de flatter les plus forts.

Pourquoi ces batteries? Parce que les gars de chaque pays considéraient les filles comme leur propriété et qu'ils n'entendaient pas que d'autres leur fissent la cour.

La civilisation et le bon sens ont eu raison de ces coutumes abominables, et vous croyez, bourgeois ignares, que la civilisation et le bon sens n'auront pas raison des coutumes non moins abominables,

que les peuples ont de se tuer dans l'intérêt des ty-
rans. couronnés ou non? Détrompez vous. La haine
implacable qui existait entre peuples de nations différentes, n'existe déjà presque plus, et bientôt les
peuples. enfin éclairés, quand vous les exciterez
sans raison les uns contre les autres, vous riront
au nez et vous répondront : « Battez-vons, si le
cœur vous en dit; nous, nous allons fraterniser. »

Maintenant,ceci veut il dire que si demain la France
était attaquée, nous ne la défendrions pas ? Idiotie
encore que cela.

Nous savons que l'humanité ne se retournera pas
aussi facilement qu'une paire de chaussettes. D'ici
que la République socialiste universelle existe, il y
encore des étapes à parcourir. Nous tâcherons d'ac-
célérer le pas ; nous savons aussi que le démembre-
ment d'une patrie exclte par ignorance, la sauvagerie
du peuple vainqueur; le devoir des socialistes internationalistes est donc de défendre, l'intégrité de
leurs patries respectives, jusqu'au moment de la
formation de la grande Patrie humaine.

Mais il ne faut pas confondre entre guerres de
défense et guerres de conquête. Le patriotisme des
bourgeois consiste à maintenir l'exploitation ; le
nôtre a pour but l'affranchissement.

Si cette brochure tombe entre les mains de quelques bons bourgeois bedonnants, ils ne manque-
ront pas en essayant de voir leur nombril de dire :
« Utopies que tout cela, rêves de fous. » Ouvrez les
yeux, prenez une plume et faites des chiffres.

Les dernières élections au Reichstag allemand ont
donné 1 million et demi de suffrages aux socialistes
quintuplant leur armée en moins de quinze ans,et cela
malgré les lois d'exception bismarckiennes. Aux
dernières élections législatives françaises, nous
avons obtenu 700,000 voix en retard sur les socie-

listes allemands, mais si l'on tient compte qu'il y a
quatre ans nous n'avions que 60,000 voix, on en con-
clura que nous ne tarderons pas à nous rattraper,
malgré et surtout à cause des lois justement quali-
fiées de scélérates.

La quantité de réunions ou de conférences que
j'ai faites (103 en 9 mois) pour propager les vérités
socialistes m'ont si *peu* fatigué que j'ai été obligé de
prendre un repos aussi forcé que bien gagné. Depuis
six semaines, je suis au vert dans un tout petit pays
de la Touraine, inféodé jusqu'à ce jour à l'opportunisme.

J'ai pu prendre contact et tenir de longues con-
versations avec de nombreux cultivateurs et consta-
ter avec une grande satisfaction que le socialisme
se développe dans les campagnes avec une rapidité
extraordinaire.

Evidemment beaucoup de paysans n'ont pas encore la conception exacte du collectivisme, mais
presque tous ont assez de l'opportunisme et ils disent : « On nous avait promis de bonnes choses et
enfin de compte nous ne voyons rien venir de toutes
ces promesses; mais en revanche nos impôts aug-
ment toujours, nous en avons assez, nous en avons
même de trop, surtout depuis que nos petites écono-
mies ont été anarchisées par les Panamistes, nous
n'en voulons plus du tout de ces millionnaires. la
prochaine fois nous voterons pour les socialistes.

J'ai surtout admiré la réflexion d'un vieil artisan
un des rares républicains d'avant-garde de la contrée
qui me dit avec un flegme acquis par 45 années de

lutte. « Les lois d'exception étaient les dernières car-
touches de la bourgeoisie... et le fusil a raté !

Enfoncé l'Esprit nouveau ! et les paysans crient :

Vive la sociale ! et savent reconnaître quels sont
les Sans-Patrie.

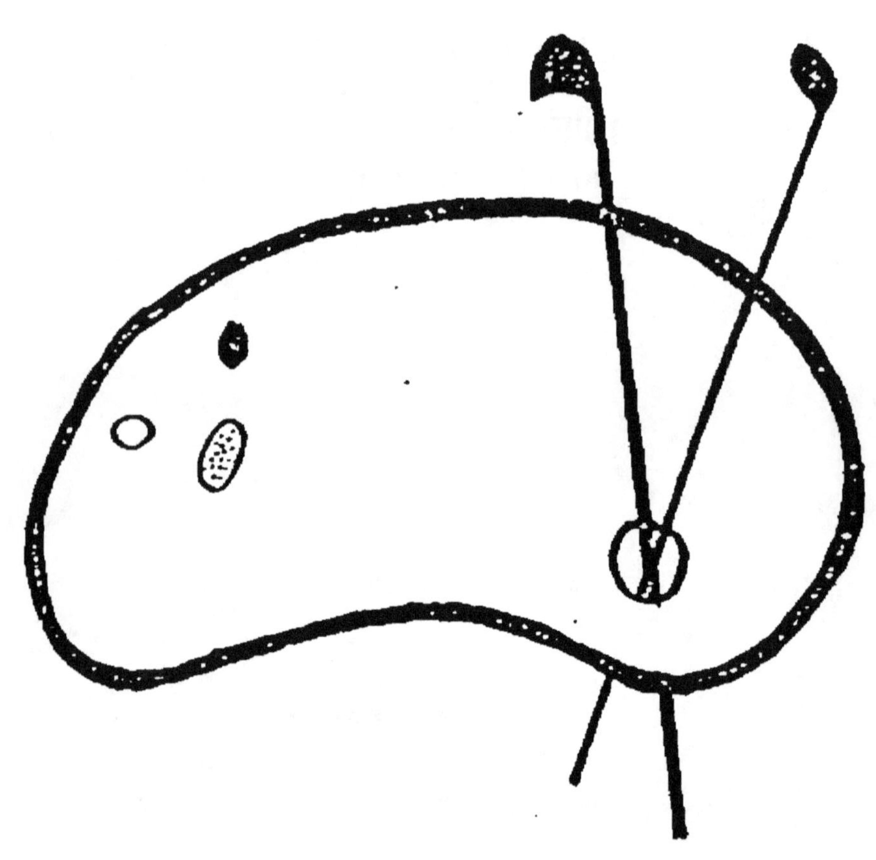

ORIGINAL EN COULEUR

NF Z 43-120-8